UNION ARTISTIQUE

EXPOSITION

DES

BEAUX-ARTS

OUVERTE

A Toulouse, le 17 Mai 1864.

PRIX : 50 CENT.

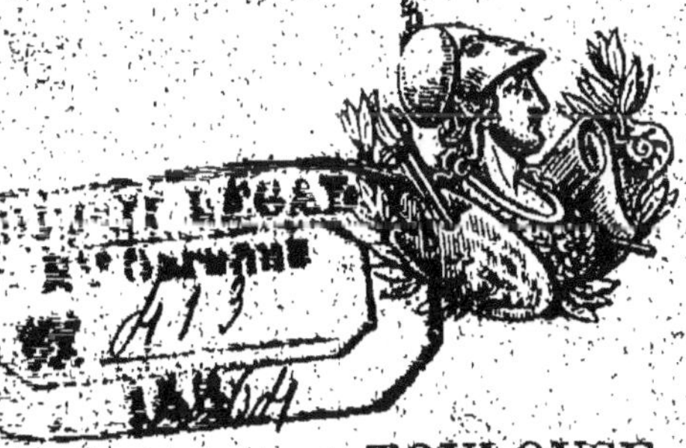

TOULOUSE,
IMPRIMERIE DE A. CHAUVIN,
RUE MIREPOIX, 3.

1864.

EXPOSITION

DES

BEAUX-ARTS.

AVIS.

—

Les salles de l'Exposition sont ouvertes au public tous les jours, de dix à cinq heures.

Le prix d'entrée est fixé : le mardi à 1 franc, le jeudi et le dimanche à 25 centimes, et les autres jours à 50 centimes.

—

Les personnes qui désireraient traiter de l'acquisition d'œuvres d'art devront s'adresser à M. Rougé, conservateur du Capitole, salle des Pas-Perdus, quatrième porte à droite.

—

Les tableaux et objets d'art marqués d'un astérisque (*) ne sont pas à vendre.

UNION ARTISTIQUE

EXPOSITION
DES
BEAUX-ARTS
OUVERTE
A Toulouse, le 17 Mai 1864.

PRIX : 50 CENT.

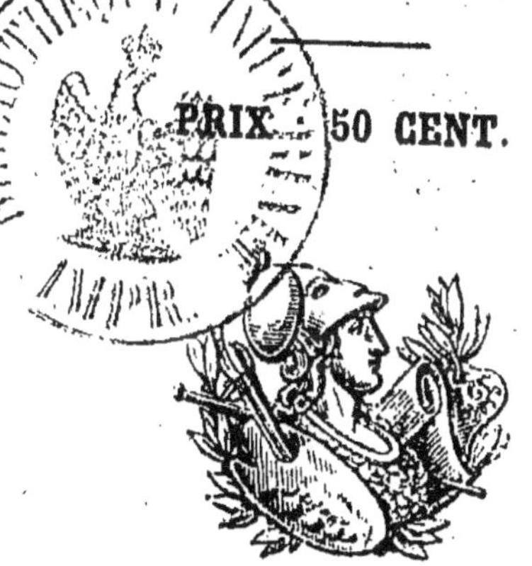

TOULOUSE,
IMPRIMERIE DE A. CHAUVIN,
RUE MIREPOIX, 3.

1864.

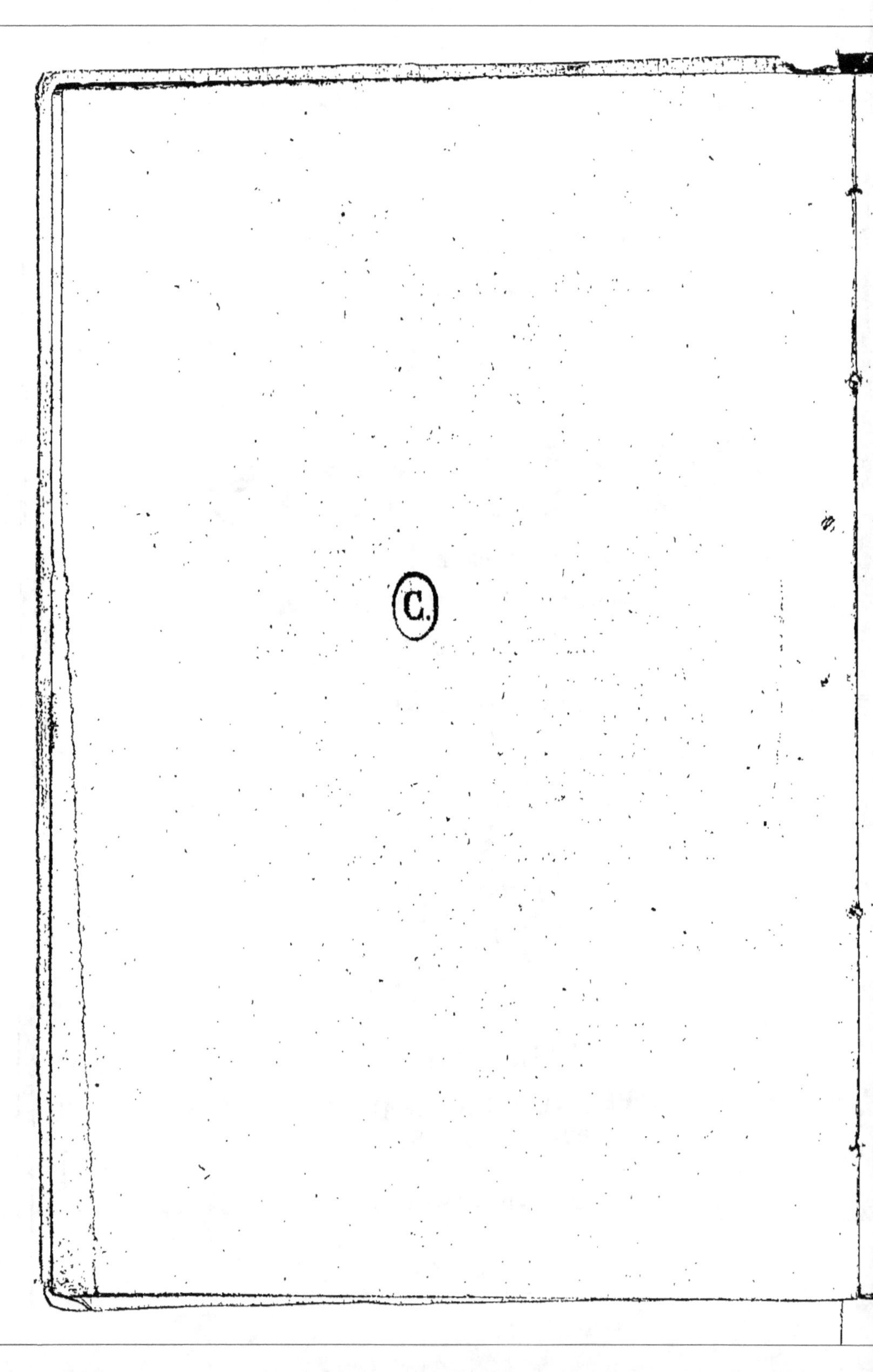

UNION ARTISTIQUE.

Président honoraire :

Son Excellence le maréchal **NIEL**.

Patrons :

MM. BOSELLI, préfet de la Haute-Garonne.
CAMPAIGNO (comte de), maire de Toulouse.
Mgr DESPREZ, archevêque de Toulouse.
PIOU, premier président.
NOUE (comte de), général de division.
ROUSTAN, recteur de l'Académie.
POURCET, général de brigade, chef d'état-major.
CARBONEL (de), receveur général.

Président honoraire :

M. Voisins-Lavernière (Etienne de).

Président.

M. Reveu, général.

Vice-présidents :

MM. Bories.

MM. Carayon-Talpayrac (Jules).
Lacointa (F.).

Secrétaire général :

M. Rességuier (Fernand de).

Trésorier :

M. Borel, agent de change.

Membres de la Commission :

MM. Ardenne (Auguste).
Ayguevives (Albert d').
Barry (Edw.).
Bégué, Dr.
Bourg (Christophe du).
Buisson (Jules).
Cibiel (Isidore).
Corbin.
Clausade (Gustave de).
Dassier, Dr.
Estevenet, Dr.
Gabriel (Auguste).
Gaillard.
Galibert.
Guillemon.
Juillac (de).

MM. Le Blanc du Vernet.
Mazzoli.
Méricant fils.
Montcabrier (Henri de).
Montesquiou (Louis de).
Montrond (de).
Olmade (Auguste).
Périer (baron du).
Pujol (Auguste).
Puy-Montbrun (Alfred du).
Raynal (de).
Roschach (Ernest).
Sabatié de la Sipière.
Saint-André (Charles de).
Saint-Raymond (Jules).
Vaïsse (Emile).

Membres Fondateurs :

Les membres fondateurs payent une cotisation annuelle de 20 francs.

La Société a commencé sa première année le 1er juillet 1860.

Elle reçoit de nouveaux membres en tout temps ; mais les actions datent toujours du 1er juillet de chaque année.

(Article 5 des statuts de l'*Union Artistique.*)

Tout Membre fondateur a droit à QUATRE *billets dans la répartition par la voie du sort des œuvres d'art acquises par l'*Union Artistique.

MM. Adhémar (d').
Adhémar (Victor d').
Advisard (Amable d').
Aguin (Richard d').
Aldéguier (Auguste d').
Aldéguier (Gaston d').
Amilhau (Jules).
Ardenne (Auguste).
Armagnac (d').
Arnal.
Arnaud.
Arnichand fils.
Assezat (d').
Assiot père.
Assiot (Louis).
Atoch, Dr.
Audouy.
Auguère.
Auriol (Gustave d').
Auriol (Joseph d').
Avejan (d').
Ayguevives (Albert d').
Ayguevives (comte d').
Azas (d').
Azéma de Castet Laboulbène.

Bahuaud, avocat.

MM Baichère.
Barry (Edw.)
Bart (Marcellin).
Bastide d'Izard.
Bastide d'Izard (Mme).
Batut, Dr.
Beaumont.
Bégué, Dr.
Bégué (Alexandre).
Béhaghel (le général).
Béhaghel (Paul).
Belcastel (Paul de).
Bélissens Durban (de).
Bélissens-Bénac (de).
Bellecour (André).
Bent.
Berdoulat (Paulin).
Bergis, ingénieur.
Bernard (Edmond de).
Berthier (marquis de).
Berthier (comte de).
Berthier (Jean-Léonard).
Bésombes (Abel).
Bessières, Dr.
Bésiat.
Bibent (Jules).
Bogues (Alphonse).

MM. Boilly (le colonel).
Boissié.
Bonnemaison (Germain).
Borel, agent de change.
Bories.
Bourg (Christophe du).
Bourg (Philippe du).
Boussaguet.
Boutan, avoué.
Boutier.
Brazier.
Brocas (de).
Buisson (Jules).
Busquet (Isidore).
Busquet (Gaspard).

Cahusac (Ernest de).
Cahusac (Henri de).
Calas (l'abbé).
Calvet-Besson.
Cambolas (de).
Campaigno (comte de), maire de Toulouse.
Cantalauze (baron de).
Cantalauze (Léon de).
Cany, banquier.
Cany, Dr.
Carayon-Talpayrac (Jules).

MM. Carayon-Talpayrac (Adolphe).
Carbonel (de), receveur général.
Carcado-Molac (marquis de).
Cardailhac fils.
Carrère (Paul).
Carrière (Jules).
Castelbajac (comte de).
Caumels (de).
Caussé, juges.
Caussette (le R. P.).
Cavalié (Louis).
Cazaux, adjoint.
Caze, président.
Cazes fils.
Certain.
Champagne-Sargine.
Chaubard.
Chaubard (Gabriel).
Chauvin (Auguste).
Cibiel (Isidore).
Cibiel (Charles).
Clausade (Gustave de).
Clauzelle (vicomte de).
Constant-Bonneval (de).
Corbin, aide-de-camp du maréchal Niel.
Costes (Gustave), négociant.
Costes (Alphonse).

MM. Courdurier.
Courrenq.
Courtois (Henri).
Crispon (Amédée).
Cuson.

Daguilhon Laselve.
Darrieus.
Dassier, Dr.
Dassier (Louis).
Daram, adjoint.
Dauriol (Joseph).
Dauriol (Gustave).
Dat (Charles).
Debax, conseiller municipal.
Delpech, à Montauban.
Delorme, manufacturier.
Denat (André), architecte de la Société.
Derroux (Emile).
Desbarreaux-Bernard, Dr.
Desclais, avoué.
Despaignols.
Destrem (Nestor).
Destrem (Firmin).
Dieulafoy, Dr.
Dieulafoy (Jules).
Dorsenne (Philibert).

MM. Dondet (Alphonse).
Douladoure (Charles).
Douladoure (Prosper).
Doumenjou.
Douzon (Léonce).
Druilhet.
Ducos (Léon).
Dufour, tapissier.
Dufaur fils.
Dufaur.
Dugabé, avocat.
Duplan, député.

Escoubée.
Espinasse (Louis), agent de change.
Espy.
Estampes.
Estevenet, Dr.
Exea (d').
Eychenne, avoué.

Fabre, notaire.
Fabry de Berty.
Falguières, agent de change.
Fargues (Prosper).
Felzens (de).
Féral (Louis).

MM. Fleury (Henri de).
Flotte (de).
Fouques (Gustave).
Fouques (Henri).
Fournalès.
Fournié.
Fournié fils.
Fumel (Georges de).
Fumel (de).

Gabriel (Auguste).
Gaillard professeur à l'Ecole d'artillerie.
Galibert (Jules).
Gallié (Charles).
Garipuy.
Gastambide, procureur général.
Gauléjac (abbé de).
Gaussens (Paul).
Gélas (Camille de).
Gemmes (de).
Genton de Villefranche (de).
Germond (Georges de).
Gèze (Louis).
Gironis du Floquet.
Godar.
Goyon (de).
Grieumard, confiseur.

MM. Guerre, notaire.
Guillemon, percepteur.
Guillot de Lagarde.
Guiraud, ex-secrétaire des hospices.

Hautpoul (Eugène d').
Huc (Jules), négociant.

Jaubert.
Joly, professeur.
Jordane.
Judan.
Juillac (de).

Klehe (Richard).

Labarthe (Eugène).
Labattut (Lucien).
Labusquière (de).
Lacger (Jules de).
Lacointa (F.).
Lacomme (Mme veuve).
Lafage (Henri de).
Laffite, colonel.
Lafont (Volusien).
Lagarde.
Lahondès (de), à Pamiers.

MM. Lamothe.
Langlade (Alphonse).
Langlade (Camille).
Lansac.
Lapasse (de).
Lapersonne (Gustave).
Latour.
Laurens, greffier.
Laurens (de).
Laurent (Achille).
Lauro (de).
Lauvin.
Lauzun (Joseph de).
Le Blanc du Vernet.
Lefèvre (Auguste).
Lefèvre (Albert).
Lepic (baron), préfet de l'Aude.
Lézat (Pierre).
Lignières (Auguste).
Limairac (de).
Lormière (J.-B).
Loubens.
Lucy (Gustave de).

Maignan (Henri).
Maignan (Edouard).
Malavialle (Gustave).

MM. Marcon (Pierre).
Manent.
Marchant, Dr.
Marion-Brésillac (de).
Marsac (Victor de).
Mauléon (Alphonse de).
Mauvoisin (Ernest de).
Mazas, maire de Lavaur.
Mazzoli, Dr.
Mazzoli (Ferdinand).
Medrano (Henri de).
Meissonnier.
Ménard (de).
Menou (de).
Micas (de).
Méricant fils.
Mignot (Alexandre).
Milhès.
Mobisson (Paul).
Molas.
Moncal (Eugène de).
Montano.
Montcabrier (Henri de).
Montcabrier (Paul de).
Montels (Félix).
Montesquiou (Louis de).
Montrond (de) commandant d'artillerie.

MM. Morand (Charles).
Mortarieu (de).
Moulas.
Mulé (Antonin).
Mulé (Jean-Jacques).

Naurois (de).
Naurois (Auguste de).
Nicol (Henri de).
Niel (S. Ex. le maréchal).
Niel, conseiller.
Noguès, Dr.
Nouailhan (Amédée de).
Nourrit, commandant.

Olive (Louis d').
Olive (Isidore d').
Olivié (Fortuné).
Olivier (Hippolyte).
Olmade.
Omézon (Henri d').
Ortala (Léopold).
Ostalet jeune.
Ozenne.

Pagés (de l'Ariége).
Parazol (de).

MM. Pébernad.
Pendaries.
Périer (Pierre du).
Périer (baron du).
Petitpied.
Piéchaud, curé de Saint-Etienne.
Pins (de).
Pins-Montbrun (de).
Piou, premier président.
Porteries (Prosper).
Portes (Maurice).
Pourcet (le général).
Pons (de).
Pous (F. de).
Pouy (Alfred de).
Pradviel (Alphonse).
Prady.
Provost.
Puymirol (A. de).
Puy-Montbrun (du).
Pujol (Auguste).
Puybusque (de).
Puymaurin-Marcassus (de).
Quinsac.

Ramel.
Raspaud.

MM. Raymond (Ernest).
Raynal (de), ingénieur.
Raynal (Bruno de).
Raynaud (de).
Rayssac (de).
Rayssac (G. de).
Rességuier (marquis de).
Rességuier (comte Jules de).
Rességuier (Fernand de).
Rességuier (Edmond de).
Reulot.
Reveu (le général).
Rivals-Mazères (de).
Rivalz (de).
Rivière père.
Rivière (Gabriel).
Rodier (de).
Roschach (Ernest).
Rolland (Oscar de).
Rolland (Charles de).
Rond.
Roquemartine.
Roque (Alphonse).
Roquette-Buisson (de).
Rouget.
Rouget jeune.
Rouquet (Antoine).

MM. Rozan (colonel de).
Roziès, Dr.
Rozy (H.), avocat.

Sabatié de la Sipière.
Sacase, conseiller.
Sahuqué (Henri de).
Sahuqué (Louis de).
Sahuqué (Paul de).
Saint-André (Charles de).
Saint-André (de).
Saint-Juery (de).
Saint-Lieux (de).
Saint-Maur (de).
Saint-Projet (abbé de).
Sainte-Marie (Achille de).
Sainte-Marie (Henri de).
Saint-Raymond.
Saissinel, avoué.
Salinier (Adolphe).
Sambucy (Adrien de).
Sambucy (Félix de).
Sambucy-Sorgues (de).
Sarrebourse d'Audeville, conseiller de préfecture.
Saulnier.
Sauzet (Henri de).

MM. Schwab (Antonin).
Sempé, commandant.
Serville, inspecteur des postes.
Seube aîné.
Sevin (de) père.
Sevin (Anatole de).
Suarès d'Almeyda (Charles de).
Suarès d'Almeyda (Henri de).
Suau.
Sudre, avoué.

Tappie (de).
Tautabel (Gaston de).
Tautier.
Teissié (Eugène).
Thomas (V.).
Thomas-Latour (René).
Toulouse-Lautrec (de).
Toulouse-Lautrec (Raymond de).
Vaïsse (Emile).
Vène, ingénieur.
Vergues.
Vernazobre (Ernest).
Vié.
Vidal (Charles).
Vignolle (Pierre).
Viguerie (de).

MM. Viteaux.
Voisins-Lavernière (de) père.
Voisins-Lavernière (Etienne de).

Yarz.
Yverssens (d').

Membres sociétaires

Les membres sociétaires payent une cotisation annuelle de 15 francs, et ne s'engagent que pour un an.

La Société a commencé sa première année le 1er juillet 1860.

Elle reçoit de nouveaux membres en tout temps; mais les actions datent toujours du 1er juillet de chaque année.

Tout membre sociétaire a droit à TROIS *billets dans la répartition des œuvres d'art acquises par l'*UNION ARTISTIQUE.

MM. Acoqua.
Amiel.
Berdoulat, ingénieur.
Bernés (Auguste).
Bianchi.
Biscay.
Boilly.

Carles (Firmin), à Lavaur.
Caumont (de).
Cazes (Henri), à Carcassonne.

MM. Chalvet (Etienne).
Chanal (colonel de).
Cercle du Capitole.
Cibiel (Gentil).
Conezil.
Cornet-Peyrusse, à Carcassonne.
Coussières (Jules).
Cousy, à Castres.
Cousy, à Lavaur.
Criloup (Victorine).

Dat, à Carcassonne.
Daumont (Ch.).
Doumenjou, à Carcassonne.
Depeyre, avocat.
Destrem (Casimir).
Dubourg (Gustave).
Ducros (Raymond).

Feilles.
Fornier (Germain).
Fornier (Gabriel).
Fort (Gustave).
Fourgassié (Edouard), à Castres.
Fournas (Adolphe de).
Fournas (Evremont de).
Fournas (Louis de).

Fourtanier, notaire.
MM. Frézières (Félix).

Gavaret (de).
Gaujac (de).
Genton de Villefranche (Me).
Gilède-Pressac (de).
Guiraud, peintre.

Henri, juge à Muret.

Jalabert (Jean), à Carcassonne.
Janot, Dr.
Jougla (Jules), négociant.

Lagaillarde (Bertrand).
Lagrange.
Lezat, abbé.
Lesueur, commandant.

Madron (de).
Manent.
Martin, président.
Massol.
Mather (Ernest).
Mather (Gustave).
Mather (Adolphe).
Maurel.
Mauvoisin (de).

MM. Mazoyer (Ernest).
Michel-Ange.
Moly (de).
Montaut (de).

Parmentier, aide-de-camp du mar. Niel.
Pellegry.
Petit.
Peyre, banquier.
Planès.
Plivar (le colonel).
Pujol (Jules).
Puységur (de).

Raynal (de).
Raynaud (de).
Reverdy (Prosper).
Rigal, Dr, à Gaillac.
Roquemaurel (de).
Roussel.
Rumeau.

Saint-Simon (de).
Saunhac (de).
Sauzet (Louis de).
Sevin (Théodore de).
Société des Amis des Arts, de Toulouse.

MM. Société des Amis des Arts, de Carcassonne.
Soos (de).

Tivollier, limonadier.
Tournamille.
Toulza.
Trutat (Eugène).

Valady (de).
Valette (Charles), à Castres.
Vaulx (de).
Vigarosy (Charles), à Mirepoix.
Virebent.
Voisins-Lavernière (Joseph de).

Waroquier (de).

PEINTURE.

ACCARD (Eugène), né à Bordeaux, mention 1863, médaille à Rouen 1862, *à Paris,*

Boulevard Poissonnière, 14.

1. Le berceau.

ACHARD (Jean), *à Paris*,

Rue des Beaux-Arts, 3.

2. Paysage, environs de Paris.

ANDRÉ (Jules), né à Paris, médaille de 2e classe 1833, ✠ juillet 1853, *à Paris*,

Rue Laval, 17.

3. Vue prise dans les montagnes du Valtin (Vosges).
4. Intérieur d'un bois à Carignand (Gironde).

ARMAND-DUMARESQ (Charles-Edouard), médaille de 3e classe 1861, *à Paris*,

Rue de Laval, 33.

5. Les zouaves en campagne.

ARNAL (Louise), *à Toulouse*,

Rue Perchepinte, 27.

6. Nature morte.
7. Faisan argenté et fruits.
8. Faisan doré, faisan argenté et fleurs.

AUGUIN (Louis-Augustin), *à Paris*,

Boulevard Montmartre, 8.

9. Vallon de la Charente vu des hauteurs de Sainte-Marie.
10. Paysage saintongeois.

BARON (Dominique), *à Toulouse*,

Rue Lapeyrouse, 11.

11. L'île des cygnes.
12. Les causeries du château.
13. Pensée d'avenir.
14. Le val des peupliers.

BATUT (F.), *à Toulouse*,

Rue Boulbonne, 30.

15. Solitude.

BAUDERON (Louis), né à Paris, élève d'Eugène Delacroix, médaille de 2e classe 1852, à Rouen 1862.

16. Les saturnales romaines.

Rome célébrait au mois de septembre, en l'honneur de Saturne, des fêtes solennelles. Toutes les distinctions de rang cessaient alors. La société était bouleversée pendant trois jours ; les esclaves jouissant d'une liberté éphémère, étaient servis par les maîtres, et pouvaient profiter de cette licence pour reprocher à ceux-ci les défauts dont ils avaient eu à souffrir et les vices qu'ils avaient pu découvrir.

Les mères conduisaient leurs enfants à ces fêtes, afin que leur jeune imagination fût frappée d'horreur à la vue de l'ivresse des esclaves.

(Hist. romaine.)

17. Ils reçoivent et ils donnent.

La scène est prise dans l'intérieur du cloître de Saint-Jean-de-Latran, à Rome.

18. L'oiseau sacré.

19. Fruits dans une corbeille caraïbe.

BAUDIT (Amédée), né à Lyon, médaille de 3e classe 1859, rappel 1861.

20. Paysage.

BELLANGÉ (Eugène), élève de son père, *à Paris.*

Rue de Douai, 57.

21. En tirailleurs (Magenta, grenadiers de la garde).

22. Un épisode de Magenta.

Entourés par les Autrichiens, les défenseurs d'un canon de la garde impériale se font, à l'exemple de leur adjudant, tuer bravement sur leur pièce, après avoir refusé de se rendre (historique).

BÉNAZECH (J.-M.), *à Toulouse.*

Rue Cujas, 22.

23. Un souvenir de l'Ohio.
24. Repos de la caravane.

BENOUVILLE, 1er grand prix de Rome (histoire) 1845, médailles de 2e classe 1852-55, 1re classe, ✱ 14 novembre 1855, mort en 1859.

25. Raphaël apercevant pour la première fois la Fornarina.

Ce tableau appartient à M. E. Pereire, député au Corps législatif.

BERGÈRE (Narcisse), médaille de 3e classe 1859, *à Paris.*

Rue de Douai, 69.

26. Aqueduc du vieux Caire (Egypte).

BESANÇON (Louis), *à Toulouse.*

Place extérieure d'Arnaud-Bernard, 12.

27. Le lion en arrêt sur deux chevaux.

28 La neige : vue de la vallée du Doubs.
29. La chasse au loup.
30. Rennes (Ile-et-Vilaine), clair de lune.
31. La chasse au tigre, dans l'Inde.
32. L'arabe et le tigre.
33. La rencontre du lion et du tigre à la source.
34. L'écurie du cloître des Jacobins, à Toulouse.

1° Jument blanche prise à Abd-el-Kader; 2° cheval navarin; 3° jument du Perche.

BILLET.

35. Pifferari.

BLAIRSY (Achille), *à Toulouse.*

Place Rouaix, 10.

36. Arquebusiers et lansquenets (1565).

BLIN (Francis), *à Paris.*

Rue de l'Ouest, 56.

37. Une lande en Bretagne.

BOILLY (E.), *à Toulouse.*

Rue de l'Université, 6.

38. Femmes du Berry, récitant leur chapelet.
39. Prière d'une mère.

40. Le berceau vide.
41. Convalescence.
42. Bords de la Creuse (étude).
43. Bords de la Creuse (étude).

BONVIN (François), né à Vaugirard (Seine), médaille de 3e classe 1849, de 2e classe 1851.

44. Le déjeuner.

BOUDIN, *à Paris.*

45. Plage du Havre.
46. Brick anglais sortant du port de Honfleur.

BOULANGER (Gustave-Rodolphe), né à Paris, élève de Paul Delaroche et de M. Jollivet, 1er grand prix de Rome (histoire) 1849, médaille de 2e classe 1857, rappel 1859.

47. Jules César marchant en tête de la 10e légion (campagne des Gaules).

Ce tableau appartient à M. E. Pereire, député au Corps législatif.

BOUQUET (Michel), né à Lorient (Morbihan), médailles de 3e classe 1839, de 2e classe 1846-48, de 1re classe. Beaux-arts appliqués à l'industrie (céramique) 1863.

48. Bouvret sur le lac de Genève (faïence).

Cette faïence est cuite au grand feu et peinte sur émail cru.

49. Soir d'automne.
50. Vue prise en Picardie.

BOURGES (PAULINE-ELISE-LÉONIDE), née à Paris, rue Saint-Georges, 54, médaille de 2e classe, *à Genève.*

51. Petite fille se reposant dans le bois.
52. Vue prise à Ecouen, chemin de l'église (soir).
53. Chemin d'Allinville (Seine-et-Oise).

BREST (FABIUS), né à Marseille, *à Paris*, Rue de l'Empereur, 46.

54. Fontaine du débarcadère à Scutari d'Asie.
55. La Pointe, Constantinople.

BREST (T.), *à Paris*,

56. Vue d'Orient.

BRISSOT DE WARVILLE (FÉLIX-SATURNIN), *à la Malmaison, près Rueil* (Seine-et Oise).

57. Côtes de Bretagne.

CAPOUL, *à Toulouse.*

58. Portrait.

59. Portrait.

CASTAN (Edmond), né à Toulouse, élève de Girard et Droling, *à Paris,*

Rue de l'Est, 33.

60. Sieste pendant la moisson.
61. Le vœu accompli.

CAVARO (Ch.-Richard), né à Paris,

Rue de Grenelle-Saint-Germain, 54.

62. Assassinat du duc de Gandia, sous les fenêtres de Lucrezia Borgia, à Rome, dans la nuit du 14 juin 1497.
(Histoire des Borgia.)

CHABOU, *à Toulouse,*

Rue Saint-Antoine-du-T, 3.

63. Portrait de Mlle B.....
64. Id. de Me C.....
65. Jeune pâtre italien.
66. Portrait de l'auteur.

CHAMPAGNE (Hte), *à Carcassonne,*

67. Le parc aux bœufs.
68. Retour des pâturages
69. Le pont (montagne Noire).

CHAPLIN (Ch.), médaille de 3e classe 1851, 2e classe 1852, *à Paris*,

Rue de Boulogne, 23.

70. Les tourterelles (dessin).

CHAVET (Victor) né à Aix, médailles de 3e classe 1853, ✡ 1857, *à Neuilly*.

71. Intérieur d'atelier.

CLAUDE (Eugène), né à Toulouse (Haute-Garonne), *à Paris*,

Rue Fontaine-Saint-Georges, 32.

72. Gibier et Légumes.
73. Fruits.

COIGNARD (L.), né à Mayenne, médaille de 3e classe 1846, de 1re classe 1848.

74. Pâturages en Normandie.

COIGNET.

75. Le sentier.
76. Le moulin.

COLIN (Alexandre), élève de Girodet-Triosan, médaille de 1re classe, professeur à l'Ecole polytechnique.

77. Christophe Colomb devant le conseil de Salamanque.

Quel frappant spectacle la salle du vieux couvent ne dut-elle pas présenter lors de cette mémorable conférence ! Un simple marin se présentant sans crainte au milieu d'un cercle imposant de professeurs, de moines et de dignitaires de l'Eglise, soutenant et développant sa théorie avec une éloquence naturelle, et plaidant, pour ainsi dire, la cause du Nouveau-Monde.

(*Histoire de Christophe Colomb*, par Washington Irving, liv. II, chap. IV.)

78. Dors mon enfant.

COMBE (L.), *à Montauban.*

79. Fruits (nature morte).

COMBY, *à Toulouse*,

Allée Saint-Michel, 6.

80. Effet du soir, souvenir de Saint-Martin.
81. Effet du soir, souvenir de Bannières (Tarn).
82. Effet du matin, souvenir de Capvert.

COROT (Jean-Baptiste-Camille), né à Paris, médaille de 2e classe 1833, de 1re classe 1848-55, ✻ 5 juillet 1846, *à Paris*,

Rue de Paradis-Poissonnière, 58.

83. Le marais.
84. L'étoile du matin.
85. Le capucin.

COUDER (ALEXANDRE), né à Paris, médaille de 3e classe 1836, ✲ 1853, médailles Rouen, Besançon, diplôme d'honneur à Toulouse, *à Paris*,

Cité Odiot, rue de l'Oratoire.

86. Le préféré.
87. Nature morte.

COUTURIER.

88. Une basse-cour.

CURZON (A. DE), *à Paris*,

Rue Notre-Dame-des-Champs, 54.

89. La porte Saint-Laurent, à Rome.

DARNAUD (Mlle), née à Toulouse, *à Paris*,

Rue Lemercier, 58.

90. Etude d'Italienne.
91. Tête de femme.

DAUBIGNY (CHARLES-FRANÇOIS), né à Paris, élève de son frère et de Paul Delaroche, médaille de 2e classe 1855, 1re classe 1853, ✲ 1859.

92. Chemin de campagne.

DAUSSAERT.

93. L'heureux marquis.

DENIS (P.), *à Toulouse*,

Place Saint-Barthélemy, 10.

94. La vierge et l'enfant Jésus.

DESHAYS (Célestin), né à Saint-Malo, *à Paris*,

Rue Pigale, 77.

95. Coup de soleil avant l'orage. Etude d'après nature, dans la gorge aux Loups, près de Fontainebleau.

96. Une matinée de juin.

DIAZ DE LA PENA, né à Bordeaux, médaille de 3e classe 1844, de 2e classe 1846, de 1re 1848, ✻ 1851.

97. Les enfants turcs.

Ce tableau appartient à Mme de V.

DOZE (M.), *à Nîmes*,

Boulevard du Grand-Cours.

98. La rédemption.

DUBUFFE (Edouard), médaille de 3e classe 1839, de 2e classe 1848-55, de 1re classe 1844, ✲ 1852, *à Paris*,

Rue d'Aumale, 15.

99. Une négresse.

DUBUISSON.

100. Troupeau de bœufs.

DUMAS (Mlle), *à Paris.*

101. Pour ma mère !
102. Tête de femme.
103. Lequel des deux ? (dessin).

DURAND (Gabriel), *à Toulouse.*

104. Portrait de Mme G. (pastel).
105. Id. de M. B. d'I. (id.).
106. Id. de M. Rivet.
107. Fleurs de printemps.

DUSTON (Benjamin), *à Lavaur.*

108. Souvenir de la cascade de Narni (Italie).
109. Les baigneuses (Etats romains).
110. Tavolata (campagne romaine).
111. Une vue de Terracine (Etats romains).
112. La vallée de Narni (id.).
113. Bassin de Lampy vieux (montagne Noire).

ELMERICH, *à Paris*,

Quai de la Tournelle, 37.

114. Intérieur de bois.

ENGALIÈRE (Joseph), *à Toulouse*,

Rue Saint-Lazare, 2.

115. Peintures murales de Rabastens (quatorzième siècle).

FAURE.

116. Intérieur de paysan.

FAUVELET (Jean), né à Bordeaux, médaille de 2e classe 1848.

117. La perruche.

FAVIER (Victor), *à Agen*, professeur de peinture au lycée.

118. Vue prise en Espagne (Aragon).
119. Id. sur les bords de la Nive (Basses-Pyrénées).

FONTENAY (A. de), médaille de 3e classe 1841, de 2e classe 1844, rappel 1862.

120. Falaises en Normandie.

FORTIN (Charles), élève de Roqueplan et Beaume, médaille de 1re classe 1849, ✱ 1861.

121. Vieille histoire.

FRANÇAIS, *à Paris*,

Rue Carnot, 3.

122. Effet du soir (Bas-Meudon).

FRANÇOIS (François-Louis), né à Plombière, médaille de 3e classe 1841, de 1re classe 1848-55, ✱ 1853.

123. Un sous bois (étude).

Ce tableau appartient à M. Séraphin.

FRÈRE (Th.), élève de Roqueplan, médaille de 2e classe 1848.

124. Les bords du Nil.

FROMENTIN (Eugène), *à Paris.*

125. Cavaliers arabes se préparant pour la chasse.

Ce tableau appartient à M. Bida.

GARBET (A.), *à Montpellier,*

Rue de l'Ecole-de-Droit, 11.

126. Marine sur les côtes de Catalogne.

GARIPUY (JULES), conservateur du musée de Toulouse.

127. Scène de la Ligue.

Le président Duranti est entraîné de l'hôtel de ville de Toulouse au couvent des Jacobins, entre les évêques de Comminges et de Castres.

GASSIÉ.

128. Le lac.

GELIBERT, né à Bagnères-de-Bigorre, *à Paris,*

Rue Duperré, 17.

129. Chien rapportant un lapin.
130. Chasse au lapin.

GENDRON (AUG.), médailles de 3e classe 1846-55, de 2e classe 1849, ✠ 1855, *à Paris,*

Rue Saint-Honoré, 408.

131. Funérailles d'une jeune Vénitienne.

GROBON (Frédéric), *à Paris*,
Rue de l'Ouest, 56.

132. Nature morte, gibiers.

GUÉ.

133. La voiture improvisée.
134. Le panier de cerises.
135. Charles-Quint au couvent.

HANOTEAU (Hector), *à Paris*,
Rue Notre-Dame-des-Champs.

136. Une maison aux fontaines noires (Nièvre).

HAUTE (Jean-Baptiste), *à Bordeaux*,
Route du Médoc, commune du Bouscat.

137. Un mannequin d'huîtres.

HAUSSY (Arsène d'), *à Paris*,
Rue de Lille, 37.

138. La frotteuse, herbage à Dives-sur-Mer.
139. Petite gardeuse de vaches, environs de Theil (Orne).

HÉMET (Abbé), *à Toulouse*,
Rue de Malaret.

140. Vue prise dans les Alpes.

141. Châlet.
142. Pâturage en Suisse.
143. Etude de platane.

HERST, *à Paris*,
Rue Vanneau, 15.

144. Vue de Frise (Hollande).
145. Canal de Rotterdam (id.).

HOLIER (Eug. d'), *à Fangeaux* (Aude)

146. L'aumône.

HUGUET (Victor-Pierre).

147. Les pins maritimes de Provence.

JACQUAND (Claudius), *à Paris*,
Faubourg Saint-Honoré, 127.

148. La résignation forcée.

JACQUE (Ch.-Emile), né à Paris, médaille de 3e classe, rappel 1864, médaille de 3e classe 1861.

149. Les poules.
150. L'abreuvoir.

JANMOT (Louis), *à Paris*,

151. Graziella.

JONGKING, né en Hollande, médaille de 3e classe.

152. Vue de Paris en 1854.

JOURNAULT, *à Paris*,
Rue de Clichy, 74.

153. Vue prise en Hollande.
154. Vue prise sur la Seine.

JULIA (père).
Rue des Tourneurs, 44-46, à Toulouse.

155. Paysage.
156. Paysage.
157. Paysage.

LASSUS (Mme), *à Toulouse*,
Rue Bellegarde, 17.

158. Portrait (Abd-el-Kader, neveu de l'émir).

LECONTE DE ROUJOU, *à Paris*,
Rue de Bruxelles, 36.

159. Vue générale de Montebello, d'après nature, après la bataille.

LE FÈVRE (RENÉ-ADOLPHE).

160. Le fripier.

LEYGUE, né à Toulouse, élève d'Eugène Delacroix, *à Paris*,

Rue Biron-Saint-Jacques, 25.

161. Gamin (chien d'arrêt picard).

LUMINAIS (Evariste), né à Nantes, médailles 1852-55 ; rappel 1857-61.

162. Une chasse.
163. Etude de rochers.

Ce tableau appartient à M. Séraphin.

MAGAUD (A.), *à Lyon.*

164. Vase de fleurs sur un balcon.

MARTIN.

Place du Marché-au-Bois, 25, à Toulouse.

165. Marchand ambulant.
166. Marchand d'huile.

MASSE (Jules), né à Marseille, *à Paris*,

Rue Duperré, 20.

167. Un souvenir.

MENGAUD (Lucien), à *Toulouse*,
Rue des Lois, 27.

168. Tant va la cruche à l'eau.
169. Causeries dans le parc.

MINGAUD (Léontine), à *Bordeaux*,

170. Intérieur de cour avant l'orage.
171. Campement espagnol dans la sierra Moréna.

MONGINOT (Charles), à *Paris*,
Rue de Saint-Pétersbourg, 3.

172. Bertrand et Raton.

MONTFALLET, né à Bordeaux.

173. La lettre.

NAUDIN (Jules),
Rue Vanneau, 15.

174. Costume de Rome.
175. Id. de Sonino.
176. Id. de Cervara.

NÈGRE (Alphonse), médaille de 3e classe 1852.

177. Une esclave de l'île Maurice.
Ce tableau appartient à Mme de V.

NOEL (Jules).

178. Vue de Rennes.

PASCAL (ANTONIN), *à Lyon*,

Rue du Garet, 9.

179. Vive le vin, l'amour et le tabac.
180. La consigne.
181. Tambour.
182. Clairon.

PECRUS (CHARLES).

183. La lecture.

PÉLEGRY (ARSÈNE), *à Toulouse*,

Rue de la Dalbade, 29.

184. Un lièvre surpris par les chiens.
185. Vue d'Amélie-les-Bains (Pyrénées-Orientales).
186. Bords de l'Aveyron.
187. Rochers de Bone, près Saint-Antonin, sur les bords de l'Aveyron.

PERROT (ADOLPHE), né à Nîmes, élève de M. A. Colin, *à Toulouse*,

Boulevard Saint-Aubin, 29.

188. Les apprêts d'un déjeuner sur l'herbe.

189. Démodocus apprend à sa fille à chanter la gloire des dieux.

Les Martyrs (Châteaubriand).

190. Prêtresse grecque allant chercher l'eau lustrale.

Commandé pour le musée de Nîmes.

191. Portrait de M. R..... de Nîmes.
192. Id. de M. D.....
193. Id. de M. G. C.....
194. Indécision de Diane.
195. Danse champêtre.
196. Lecture dans les peupliers.
197. Danse dans le parc.
198. Madeleine.
199. Ermitage de Collias, près du pont du Gard.

PEZOUS, *à Paris*,

200. Scène de troupiers, intérieur.
201. Id. à la porte d'une auberge.

PLANET (DE L.), *à Paris*,

Rue des Beaux-Arts, 5.

202. Portrait.

PONTHUS-CINIER (Antoine), *à Lyon*,

Place Montozet, 1.

203. Château d'Imbert-Dauphin, à Crémieux.
204. Ferme sous les arbres, à Civrieux (Ain).

PRON, *à Paris.*

205. Paysage.
206. Id.

QUINSAC, *à Toulouse*,

Rue de l'Echarpe.

207. Paysage, soleil couchant.

RESSIZAT (Elie), *à Toulouse*,

Place Saint-Etienne, 2.

208. L'espérance.

REVERCHON, né à Lyon, *à Montmartre*,

Rue des Dames, 1.

209. Pour ma mère, s'il vous plaît.
210. Heureuse mère.
211. Une jongleuse.

RIGAUD (Dominique), peintre verrier, *à Toulouse*,
Place Saint-Sernin, 4.

212. Saint-Thomas-d'Aquin (panneau décoratif).

ROQUEPLAN (Camille), médaille de 2e classe 1824, de 1re classe 1828, ✻ 1832.

213. Jeune fille à la fontaine (Pyrénées).
Ce tableau appartient à M. Séraphin.

ROSIER (Amédée), élève de L. Cogniet et de Durand-Brager.

214. Le lac d'eau douce à Tunis (effet de nuit).
215. Le mont Saint-Michel, soleil couchant.

ROSIER, *à Paris*.

216. Intérieur de bergerie.
217. Bords de la Seine, à Argenteuil.

ROZIER (Jules), élève de V. Bertin et Paul Delaroche, *à Argenteuil*,
Rue des Murs-Fondus, 1.

218. Environs de Trouville.
219. Paysage, id.
220. Environs de l'île Adam.

R. C., *à Toulouse.*

221. Portrait.

SAINT-FRANÇOIS, *à Paris*,

Boulevard Pigale, 20.

222. L'hospitalité (dessin).

SALLES, *à Nîmes.*

223. Femme italienne.

RUDAUX, *à Paris.*

Rue de Larochefoucault, 64.

224. Nature morte.
225. Id.

RUDDER (LOUIS-HENRI DE), élève de Gros et Charlet, médaille de 3e classe 1840, 2e classe 1848, ✻ 1863, *à Paris*,

Boulevard des Invalides, 12.

226. Ecce Agnus Dei.
227. Berger des Abruzzes (dessin aux trois crayons).

SALMON, *à Belleville, Paris.*

Rue des Bois, 50.

228. Landes de Sologne (effet du soir).

229. L'écolier paresseux.

SCHEFFER (Henri), médaille de 2e classe 1824, 1re classe 1831, ✵ 1837.

230. La madone col Bambino.
Ce tableau appartient à M. Delicourt, à Paris.

SERRES (Antony), *à Paris*,

Rue Chaptal, 7.

231. La nuit de Noël.
232. Le soir.

THOMPSON, né à Londres.

233. Le prêt.

VERNIER (E.), *à Paris*.

234. Paysage en Franche-Comté.

VEYRASSAT (Jules-Jacques), né à Paris, membre de l'académie de Rotterdam, médailles à Dijon, Troyes, Rouen, Metz, Bayonne, etc.; mention honorable Paris 1861, *à Paris*.

Boulevard des Martys, 7.

235. Un maréchal ferrant.

WACQUEZ (A.), *à Paris*,

Avenue de Saxe, 37.

236. Novembre, vue prise dans la forêt de Fontainebleau.

WASHINGTON, *à Paris*.

Rue Carnot, 5.

237. Une caravane.

DESSINS, AQUARELLES, GOUACHES.

A. DE G. *à Toulouse*.

1. Ruines du château de Penne, fusain.
2. Environs de Gavarni (Hautes-Pyrénées), id.
3. Tour de Castel-Viel (Luchon), id.
4. Cours d'eau (Gers), id.
5. Pâtre, id.
6. Portail de Saint-Pierre à Moissac (photographie).
7. Cloîtres de Moissac (id).
8. Cours d'eau (id).
9. Etude d'arbre (id).

ALPHONSE (FRANÇOIS), ✱, *à Paris*,

Avenue de Neuilly.

10. Marguerite à l'église (gravure).

ANNEDOUCHE.

11. La fuite en Egypte, d'après Portaels.
Edité par la maison Goupil.

BALLIN (JOHN), *à Paris*,

Rue du Battoir-Saint-Victor.

12. Le baptême, d'après Louis Knaus (gravure).

BARONIÉ (JEAN-MARIE), *à Toulouse*,

Rue du Fourbastard, 6.

13. Un cadre, épreuves de gravures sur bois.
14. Un cadre, tête du Christ, d'après une peinture séculaire de l'école romaine.

BERGÉS (A.), *à Toulouse*,

15. Fleurs (aquarelle).

BIDA (ALEXANDRE), ✱, *à Paris*,

Boulevard des Batignolles, 8.

16. Jésus au milieu des docteurs (dessin).

17. Intérieur de harem arabe (id).

CAUSSAN (P.), *à Toulouse*,

Rue du Lycée, 28.

18. Paysage (dessin).

DEMANNEY.

19. Un chrétien martyr, d'après Slingeneyer (gravure).

Edité par le maison Goupil, boulevard Montmartre.

GOLSE (G.), *à Toulouse*,

Rue des Marchands.

20. Esquisse de la Vierge.
21. Fusain.

GORIN (S.), *à la Brède* (Gironde).

22. Vue générale du bassin d'Arcachon (Gironde).
23. Un cadre, quatre vües de la Gironde.

JOUANNIN, *à Paris*,

Rue Vavin, 18.

24. Une veuve, d'après Jalabert.

KERMANNEICHENS.

25. Bienfaisance, d'après Dubuffe (gravure).
Edité par la maison Goupil.

LEROY (Alphonse), ☼.

26. Jean Sobieski, d'après Rodakoski, (gravure).
Edité par la maison Goupil.

LALAUZE.

27. Un prêtre espagnol, dessin à la plume.

Appartient à M. le baron Duperrier.

LIÈVRE (E[d]) *à Paris*,

Boulevard Saint-Martin, 27.

28. La décadence des Romains (aquarelle).
29. Un cadre contenant deux gravures à l'eau forte, bijoux de la fin du seizième siècle, coffret seizième siècle.

LIÈVRE (Justin), *à Paris*,

30. Le marchand de cœurs (aquarelle et gouache).

MASSOM (Alp.).

31. Colombine, d'après Chaplin (gravure).

MINGAUD (Céleste), *à Bordeaux*,

Chemin de Saint-Genès, 136.

32. Intérieur landais.
33. Intérieur du musée des antiques de Toulouse.
34. Portrait du révérend père Alphonse, capucin.
35. Tête de jeune fille (mine de plomb).
36. Pifféraro (id).

PERROT (Adolphe).

37. Deux vues des Cévennes.

PILS, 1er grand prix de Rome (histoire) 1838, médailles de 2e classe 1846-55, ✻ 1857, grande médaille d'honneur 1859.

37 (bis). Un artilleur à pied (dessin).

R... (de), *à Toulouse*,

38. Vue des environs de Toulon (gouache).

VEYRASSAT (JULES-JACQUES), *à Paris*,

Boulevard des Martyrs, 7.

39. Un abreuvoir aux environs de Dieppe (dessin).

YVON (ADOLPHE), né à Eschwiller, élève de P. Delaroche, médailles de 1re classe 1848-57, ✻ 30 novembre 1855.

40. Le drapeau de Malakoff (dessin rehaussé).

ZIEM, médailles de 3e classe 1851-55; 1re classe 1852, ✻ 1857.

41. Une marine (dessin).

SCULPTURE.

DURAND (PAUL), chez M. Dusaert, *à Toulouse*,

Allée Louis-Napoléon, 27.

1. Guise (François de Lorraine, duc de), siége de Metz 1552.

MERCIÉ, élève de l'Ecole des arts, *à Toulouse,*

Rue Rempart-Saint-Etienne, 39, à Toulouse.

2. Nymphe sortant du bain (statuette).

VENTOUILLAC (JACQUES), *à Toulouse*,

Rue de la Fonderie, 14.

3. Berger d'Italie (maquette).

TABLEAUX ANCIENS.

La Société laisse aux exposants la responsabilité de leurs attributions.

ALBANE.

1. Le paradis.

Provenant du cabinet de M. Latour, rue des Paradoux, 34, à Toulouse.

BEAUHARNAIS (DE).

2. Paysage.

Le commandant Belleville, maison Meissonnier.

BEGA (Cornelius).

3. Scène flamande.
M. Jules Carayon-Talpayrac, à Toulouse.

BOILLY.

4. L'arc de triomphe de Septime Sévère.
M. Meissonnier, à Toulouse.

BOURDON (Sébastien).

5. Sainte famille.
Provenant du cabinet de M. Latour, rue des Paradoux, 34, à Toulouse.

BRASCASSAT.

6. La campagne de Rome.
M. Julia père, rue des Tourneurs, 44, 46, à Toulouse.

CHAMPAIGNE (Philippe de).

7. Jésus adolescent.
M. Thiery, rue Viguerie, 1, à Toulouse.

CHARDIN.

8. Un concert chez le duc de Penthièvre.
Toutes les figures sont des portraits : on reconnaît le duc et la duchesse de Penthièvre, Lulli, Gluck, Boïeldieu,

l'abbé Quinault ; sur la droite, portrait du peintre vu de profil.

9. Scène de jeu. Portraits.

Ces deux tableaux proviennent d'un ancien château de la famille de Penthièvre, à Saint-Etienne, près Lyon.

M. l'abbé Filhol, au petit lycée, à Toulouse.

DELACROIX (Eugène).

10. Les sorcières de Macbeth.

M. Jules Carayon-Talpayrac, à Toulouse.

DESPAX.

11. L'assomption.

Esquisse du tableau exécuté pour le maître-autel de l'église Saint-Etienne, à Toulouse.

M. l'abbé Filhol, au petit lycée, à Toulouse.

12. L'adoration des mages.

Provenant du cabinet de M. Latour, rue des Paradoux, 34, à Toulouse.

DOLCI (Carlo).

13. Petit saint Jean.

M. d'Auriol, D.-M., rue Saint-Ursule, à Toulouse

DROLLING.

14. L'aumône.

M. Jules Carayon-Talpayrac, à Toulouse.

DURER (ALBER).

15. Portrait.
M. l'abbé Filhol, au petit lycée, à Toulouse.

FRAGONARD (attribué à).

16. Portrait de femme.
17. Portrait de femme.
M. Figuère, rue Peyras, 14, à Toulouse.

GADDO GADDI.

18. La présentation.
M. Jules Pujol, à Toulouse.

GAMELIN.

19. Les Titans foudroyés.
20. Ulysse chez Pluton.
Mme de Puymaurin, place du Salin, à Toulouse.
21. Bataille.
Provenant du cabinet de M. Latour, rue des Paradoux, 34, à Toulouse.

GIOTTINO.

22. La visitation.
M. Jules Pujol, à Toulouse.

GREUZE.

23. Portrait de la marquise de ***.

M. l'abbé Filhol, au petit lycée, 2, à Toulouse.

GRIMOUX.

24. Jeune musicien.

M. le baron Duperrier, rue Sainte-Anne, à Toulouse.

25. Portrait de femme.

M. Julia père, rue des Tourneurs, 44-46, à Toulouse.

GUIDO RENI.

26. Amours aiguisant leurs flèches.

Provenant du cabinet de M. Latour, rue des Paradoux, 34, à Toulouse.

PIETRE DE HOOG.

27. Scène de joueurs.

M. Couzy, rue Saint-Antoine-du-T, à Toulouse.

ISABEY.

28. Projet de portrait de Mme Bonaparte, femme du 1er consul.

Commandant Belleville, maison Meissonnier, à Toulouse.

JORDAENS.

29. Vénus au bain.

Provenant du cabinet de M. Latour, rue des Paradoux, 34, à Toulouse.

KEISER (Théodore).

30. Portrait.

M. du Puy-Montbrun, rue du Vieux-Raisin, 26, à Toulouse.

LATOUR.

31. Paysage.
32. Paysage.

MAAS.

33. Manége.
34. Chasse.

M. Couzy, rue Saint-Antoine-du-T, à Toulouse.

MOLENAER.

35. Effet de neige.

Provenant du cabinet de M. Latour, rue des Paradoux, 34, à Toulouse.

MOUCHERON.

36. Paysage.

M. Couzy, rue Saint-Antoine-du-T, à Toulouse.

PONIATOWSKI (PRINCE).

37. Paysage.
Commandant Belleville, maison Meissonnier, à Toulouse.

RAPHAEL.

38. Sainte-Famille.
M. de Sainte-Marie.

REMBRANDT.

39. Tête de vieillard.
M. d'Auriol, docteur-médecin, rue Sainte-Ursule, à Toulouse.

RICHARD (THÉODORE).

40. Ruines d'un vieux château.
M. Meissonnier, à Toulouse.

ROQUEPLAN (CAMILLE).

41. Amours envolés.
M. Jules Carayon-Talpayrac, à Toulouse.

RUBENS.

42. Vénus recevant une armure des mains de Vulcain.
M. Jules Carayon-Talpayrac, à Toulouse.

SOULIÉ (Léon).

43. Paysage.
44. Gitanos.
45. Intérieur toulousain.
46. Maîtresse d'école.
47. Intérieur à la campagne.
48. Lavaur (dessin).
49. Graulhet (id.).
50. Enfants (aquarelle).
51. Enfants (id.).
    M. Mas, boulevard Napoléon, 31, à Toulouse.
52. Diogène et Alexandre.
    M. Meissonnier, à Toulouse.

TÉNIERS (David).

53. Buveurs.
    M. Julia père, rue des Tournours, 44-46, à Toulouse.
54. Tentation de saint Antoine.
    Provenant du cabinet de M. Latour, rue des Paradoux, 34, à Toulouse.
55. Marchand de liqueurs.
    M. Jules Carayon-Talpayrac, à Toulouse.

TINTORET.

56. L'homme au mouchoir.
    M. Couzy, rue Saint-Antoine-du-T, à Toulouse.

TREVISANI.

57. Quatre martyrs.

M. Constantin, place Roaix, à Toulouse.

VALDÈS LÉAL.

58. Pietà.

M. Julia père, rue des Tourneurs, 44-46.

VAN DYCK.

59. Vierge.

M. Couzy, rue Saint-Antoine-du-T, à Toulouse.

VAN BALEN (HENRI).

60. Diane et Calisto.

M. Jules Carayon-Talpayrac, à Toulouse.

VAN DER POLL.

61. Vue des environs de Harlem.

M. Capèle (Henri), rue Maletache, 10, à Toulouse.

VAN KESSEL.

62. Les quatre éléments (figures d'Erasme Quellinus) cuivre.

M. le baron Duperrier, rue Sainte-Anne, à Toulouse.

VAN DER WERFF.

63. Vénus et Adonis

M. Jules Carayon-Talpayrac, à Toulouse.

VERNET (Joseph).

64. Marine.

Mme de Puymaurin, place du Salin, à Toulouse.

VÉRONÈSE.

65. Cène.

Provenant du cabinet de M. Latour, rue des Paradoux.

WYNANTS.

66. Paysage.

M. Couzy, rue Saint-Antoine-du-T, à Toulouse.

67. Vue de Sainte-Gudule (Belgique).

M. du Puy-Montbrun, rue du Vieux-Raisin, 26, à Toulouse.

MAITRES INCONNUS.

68. Descente de croix.

69. Martyre de saint Laurent.

M. Ducap (Théophile), boul. Lascroses, 4 bis, à Toulouse.

70. Le mystère de la rédemption

Ce tableau, considéré comme l'un des plus anciens de l'école française, est d'un dessin très-étudié pour le temps, d'un coloris éclatant comme un émail, d'une composition empreinte d'un profond sentiment religieux. Ce tableau du quatorzième siècle, provenant du riche mobilier des ducs de Bourgogne, porte sur les revers du panneau les armes de Philippe le Hardi.

71. Le sommeil.

Ecole bolonaise, étude de grand maître.
M. Jules Pujol, à Toulouse.

72. Intérieur de ville.

Tableau flamand du dix-septième siècle.
M Figuière, rue Peyras, 14, à Toulouse.

73. Le Temps enlevant la Beauté.

74. Mercure enlevant une vache au troupeau d'Apollon fait jurer au berger qu'il lui gardera son secret.

Mme Deleau, place du Marché-au-Bois, à Toulouse.

75. Peinture sur bois.

Commandant Belleville, maison Meissonnier, à Toulouse.

76. L'ange Gabriel.

M. Darrieus, rue Mirepoix, 3, à Toulouse.

77. Les œuvres de charité.

78. Idem.

M. Cavalié (Louis), rue Boulbonne, 50, à Toulouse.

79. Plafond.

M. Barascud, rue Riguepels, 46, à Toulouse.

SCULPTURE ANCIENNE.

80. Christ en ivoire.

M. Tivollier, à Toulouse.

VITRAUX.

RIGAUD (D.), peintre verrier, à *Toulouse*,
Place Saint-Sernin, 4.

1. La Sainte-Famille (d'après Raphaël).
2. Architecture civile, décoration.
3. Saint-Louis, roi de France, d'après Felon.
4. Vierge, composition et exécution par l'exposant.

www.ingramcontent.com/pod-product-compliance
Lightning Source LLC
LaVergne TN
LVHW010621110826
845149LV00003B/997